BEI GRIN MACHT SI
WISSEN BEZAHLT

- Wir veröffentlichen Ihre Hausarbeit,
  Bachelor- und Masterarbeit

- Ihr eigenes eBook und Buch -
  weltweit in allen wichtigen Shops

- Verdienen Sie an jedem Verkauf

Jetzt bei www.GRIN.com hochladen
und kostenlos publizieren

Bibliografische Information der Deutschen Nationalbibliothek:

Die Deutsche Bibliothek verzeichnet diese Publikation in der Deutschen National-
bibliografie; detaillierte bibliografische Daten sind im Internet über http://dnb.d-
nb.de/ abrufbar.

Impressum:

Copyright © 2017 GRIN Verlag, Open Publishing GmbH
Druck und Bindung: Books on Demand GmbH, Norderstedt Germany
ISBN: 9783668574519

Dieses Buch bei GRIN:

http://www.grin.com/de/e-book/380925/die-strategischen-partnerschaft-zwischen-
den-emerging-donors-china-und

Doreen Kolonko

Die "strategischen Partnerschaft" zwischen den Emerging Donors China und Brasilien. Eine Beziehung auf Augenhöhe?

GRIN Verlag

GRIN - Your knowledge has value

Der GRIN Verlag publiziert seit 1998 wissenschaftliche Arbeiten von Studenten, Hochschullehrern und anderen Akademikern als eBook und gedrucktes Buch. Die Verlagswebsite www.grin.com ist die ideale Plattform zur Veröffentlichung von Hausarbeiten, Abschlussarbeiten, wissenschaftlichen Aufsätzen, Dissertationen und Fachbüchern.

Besuchen Sie uns im Internet:

http://www.grin.com/

http://www.facebook.com/grincom

http://www.twitter.com/grin_com

Freie Universität Berlin

Otto-Suhr-Institut für Politikwissenschaft

Hausarbeit im Seminar:

PSMWA: 15008 – Internationale Beziehungen, Entwicklung und Gerechtigkeit

Wintersemester 2016/2017

Inwiefern handelt es sich bei der „strategischen Partnerschaft" zwischen den Emerging Donors China und Brasilien um eine Beziehung auf Augenhöhe?

Doreen Kolonko

Monobachelor Politikwissenschaft

1. Fachsemester

Abgabe: 30.03.2017

Anzahl der Wörter: 4973

Inhaltsverzeichnis

1. Einleitung

Mit ihrer Etablierung als Interessensvertreter des globalen Südens innerhalb internationaler Foren und Organisationen (Haibin 2010, 186) ist seit den 1990er Jahren ein Aufkommen neuer Partnerschaften zwischen Emerging Donors auf bilateraler sowie multilateraler Ebene feststellbar (de la Fontaine 2013, 27). Diese Partnerschaften gehen über wirtschaftliche und finanzielle Kooperationen hinaus und sind vor allem auf politischer Ebene mit dem Anspruch verbunden, eine Emanzipation der betroffenen Akteure im internationalen System zu erzielen und strukturelle Reformen der bestehenden Weltordnung zu initiieren (Haibin 2010, 186). Aufgrund des damit verbundenen Potentials, die Entwicklungsarchitektur nach ihren Vorstellungen modifizieren zu können (Rowlands 2012, 632), weist die wissenschaftliche Auseinandersetzung mit ihren Beziehungen eine hohe politische Relevanz auf.

Emerging Donors grenzen ihre Partnerschaften auf diskursiver Ebene deutlich vom Modell der „Nord-Süd-Zusammenarbeit" ab (de la Fontaine 2013, 27) und berufen sich auf ein ihr innewohnendes Gleichheitsprinzip sowie eine Ausrichtung auf gegenseitige, gleichwertige Gewinne (Morazan, et al. 2012, 15). Gleichzeitig stehen sie innerhalb der wissenschaftlichen Debatte in der Kritik, da ihre Hilfeleistungen häufig vorrangig durch das Erzielen eigener ökonomischer Vorteile und nicht durch die Förderung lokaler Entwicklung im Partnerland motiviert seien (Naim 2009). Ausgehend von dieser Kontroverse soll die vorliegende Arbeit eine Untersuchung des Charakters der Beziehungen zwischen Emerging Donors leisten. Anhand der seit 1993 bestehenden „strategischen Partnerschaft" zwischen Brasilien und China soll exemplarisch untersucht werden, inwiefern der propagierte Grundsatz der Gleichstellung beider Akteure umgesetzt wird und ob die Beziehungen sich damit tatsächlich auf Augenhöhe abspielen. Der Bezug auf jene erfolgt aufgrund der Beständigkeit ihrer Zusammenarbeit und der Verfügbarkeit von einschlägiger Literatur. Da der vorliegende Gegenstand bis dato kaum untersucht wurde, besteht die Zielsetzung dieser Arbeit darin, anhand des Fallbeispiels einen ersten und damit wissenschaftlich relevanten Ansatz zur Schließung der Forschungslücke zu erbringen.

Hierbei wird beiden Partnern eine gegenseitige Abhängigkeit voneinander im Erreichen der gemeinsamen Ziele unterstellt, sodass die Beantwortung der Fragestellung im interdependenztheoretischen Rahmen anhand des Forschungskonzeptes von Keohane und Nye erfolgt, dessen Kernaspekte im Folgenden vorgestellt werden. Anschließend werden die für das Forschungsvorhaben relevanten Begrifflichkeiten geklärt. Im dritten Kapitel folgt dann eine kurze Betrachtung der historischen Entwicklungen der Beziehungen, woraufhin die

1

Verflechtungen im 21. Jahrhundert auf Asymmetrien innerhalb des Abhängigkeitsverhältnisses untersucht werden. Dazu werden empirische Belege herangezogen, um dieses anhand der Indikatoren Wirtschaft, Politik und Finanzen zu erfassen.

Zunächst soll daher die wirtschaftliche Komponente der Beziehungen analysiert werden, indem die Ausgestaltung der bilateralen Handelsbeziehungen und der gemeinsamen Kooperationen beleuchtet wird. Innerhalb dieser werden die unterschiedlichen Abhängigkeitsgrade beider Länder auf rohstoffpolitischer und industrieller Ebene sowie deren Einflüsse im Handel mit Drittstaaten erarbeitet. Anschließend sollen die politischen Verflechtungen, welche hauptsächlich auf multilateraler Ebene bestehen, untersucht werden. Dazu wird das gemeinsame Engagement in internationalen Foren und Organisationen und die Integration der Interessen beider Partner innerhalb der Zusammenarbeit betrachtet. Zuletzt wird der Umfang der von beiden Ländern getätigten Investitionen sowie deren Ausrichtung zur Argumentation herangezogen und alle erwähnten Dimensionen im vierten Kapitel abschließend zusammengetragen.[1]

2. Theoretischer Rahmen

2.1 Die Interdependenztheorie

Bei der Interdependenztheorie handelt es sich um eine Theorie der internationalen Beziehungen, welche Strukturen des internationalen Systems, die über den Nationalstaat hinausgehen, untersucht. Dabei betrachtet sie die

> „wechselseitige Abhängigkeit von politischen Konstellationen und Prozessen in
> staatlichen Einheiten und die auf diese Systeme von außen wirkenden Bedingungen als
> Grundlage innen- wie außenpolitischer Entscheidungen und Verhaltensmuster"
> (Lehmkuhl 2001, 193).

Der Fokus liegt auf der Analyse von „politische[n], wirtschaftliche[n] und gesellschaftliche[n] Interaktions- und Verflechtungsbeziehungen" (ebd.). Im Hinblick auf die Zielsetzung dieser Arbeit soll das Forschungskonzept von Keohane und Nye als theoretische Grundlage dienen[2].

---

[1] Aus Gründen der Lesbarkeit wird in der Arbeit auf geschlechtsneutrale Formulierungen verzichtet. Nichtsdestotrotz sind im Text immer alle Geschlechter gemeint.

[2] Lehmkuhl unterscheidet innerhalb der Theorie zwischen den Ansätzen der „Linkage"-Theorie, der transnationalen Politik, der ökonomischen Interdependenz und dem Ansatz von Keohane und Nye. Aufgrund des begrenzten Umfangs der Arbeit kann allerdings nicht Bezug auf alle genommen werden. Das gewählte Konzept eignet sich insofern besonders, da es die wechselseitigen Abhängigkeitsstrukturen untersucht, indem es

Die Autoren definieren Interdependenz als einen wechselseitigen Zustand des „Determiniert-oder Beeinträchtigtseins" durch äußere Faktoren (Keohane und Nye 1989, 8). Sie erfolgt als Ergebnis von internationalen Transaktionen, wie der Bewegung von Geld, Gütern oder Menschen über internationale Grenzen hinweg und verursacht dabei Nutzen und Kosten für die betroffenen Staaten (ebd.). Laut Keohane und Nye kann sie im Zuge dessen eine symmetrische oder aber eine asymmetrische Form annehmen, was durch den Grad der Abhängigkeit eines Akteurs vom anderen bestimmt ist (Keohane und Nye 1989, 10-11).

In Bezug auf diesen zeigen die Autoren zwei Dimensionen auf. Unter den Begriffen der Interdependenz-Empfindlichkeit und der Interdependenz-Verwundbarkeit wird subsumiert, dass eine Anfälligkeit für von außen auferlegte Kosten besteht und dementsprechend politische Maßnahmen ergriffen werden, um die bestehende Situation zu verändern. Solche Kosten können beispielsweise Folge einer Preiserhöhung für ölimportierende Länder sein (ebd.). Eine Unterscheidung zwischen beiden Dimensionen erfolgt dann über die Frage der Kosten, die mit einer Anpassung an die von außen verursachte Veränderungen einhergeht und über die Verfügbarkeit möglicher Alternativen. Während bei einer Empfindlichkeit eine solche Anfälligkeit vor einer Anpassung vorliegt, besteht sie bei einer Verwundbarkeit über das Ergreifen politischer Maßnahmen hinaus (Keohane und Nye 1989, 13). Somit bestimmen Asymmetrien innerhalb der Beziehungen, welche Einflussquellen die Betroffenen im gegenseitigen Umgang miteinander besitzen und sie fungieren als eine Art Machtinstrument, das sich als „Kontrolle über Ressourcen oder [als] Potential Ergebnisse zu beeinflussen"[3] äußert (Keohane und Nye 1989, 10).

2.2 Der Begriff des Emerging Donor

Bei Emerging Donors handelt es sich um „Länder mit niedrigem und mittlerem Einkommen, die weniger Verbindungen zu multilateralen Rahmen zur Koordination als traditionelle Geberländer besitzen" (Rowlands 2012, 629).

Innerhalb dieser existieren laut OECD neben den neuen EU-Mitgliedern, anderen Emerging Donors und den arabischen Geberländern, die hier relevanten Anbieter von Süd-Süd-Kooperationen (Smith, Yamashiro Fordelone und Zimmermann 2010, 1). Bei ihnen handelt es

---

Asymmetrien erfasst und somit der Zielsetzung der vorliegenden Arbeit entspricht. (Vgl. Lehmkuhl, Ursula. 2001. *Theorien Internationaler Politik. Einführung und Texte.* 3., ergänzte Auflage. München/ Wien: R. Oldenbourg Verlag, S.194)

[3] „[...] as control over resources, or the potential to affect outcomes." (Eigene Übersetzung)

sich um Emerging Economies, die meist selbst Empfänger von Entwicklungshilfe bleiben, wenn auch der Umfang der empfangenen Leistungen schrumpft. Ihre Zusammenarbeit besteht im Austausch von technischen Fertigkeiten, dem Teilen von Fachwissen und finanzieller Kooperation. Dabei sind sie von ihrem Selbstverständnis als Kollegen in einer gegenseitig nutzenbringenden Beziehung mit ihren Partnerländern geprägt. Daher stellen sie in der Regel keine Versicherungsbedingungen an die Kooperation und vertreten einen Grundsatz des „Nicht-Einmischens" in deren heimische Politik (Smith, Yamashiro Fordelone und Zimmermann 2010, 6).

Woods zählt neben China und Brasilien, vor allem Saudi-Arabien, Venezuela, Indien, Kuwait, Korea und die Vereinigten Emirate zur Gruppe der Emerging Donors (Woods 2008).

2.3 Der Begriff der Beziehung auf Augenhöhe

Ausgehend von den Annahmen der Interdependenztheorie soll für die folgende Untersuchung der Begriff der Beziehung auf Augenhöhe als Beziehung definiert werden, in welcher ein symmetrisches Abhängigkeitsverhältnis beider Akteure besteht. Es soll demnach kein grundlegendes Verteilungsproblem von Nutzen und Kosten vorliegen und die Beziehung damit im Gegensatz zu einer Nehmer-Geber-Beziehung als ausgeglichen gelten.

3. Entwicklung der Beziehungen

3.1 Kurzdarstellungen der Beziehungen bis 1999

Von der Aufnahme bilateraler Beziehungen wird erstmals im Jahr 1974 gesprochen, als sich die Regierungen beider Staaten auf die Errichtung einer brasilianischen Botschaft in Beijing und einer chinesischen in Brasília einigten. Zunächst erreichte der bilaterale Handel in den 1980er Jahren hohe Werte, nahm in den frühen 1990er Jahren allerdings schnell wieder ab, da Brasilien sich auf den Handel mit den USA fokussierte (Cardoso 2012, 41). Die Beziehungen beschränkten sich zunächst also nur auf jene diplomatische Komponente, bis China und Brasilien sie im Jahr 1993 zu einer „strategischen Partnerschaft" erklärten (Ministry of Foreign Affairs o.J.).

Sie ist seither als „eine langfristige, stabile und strategische gemeinsame Kooperation"[4] (Haibin 2010, 185) definiert, welche von einer Gleichheit beider Partner ausgeht und win-win-orientiert ist (Morazan, et al. 2012, 15). Anhand dieser sollten nicht nur die bilateralen Beziehungen intensiviert, sondern auch das internationale Auftreten beider Akteure innerhalb der bestehenden Weltordnung aufgewertet werden (Haibin 2010, 185).

Abgesehen von einer Reihe von Staatsbesuchen (Ministry of Foreign Affairs o.J.) im jeweiligen Partnerland, ereignete sich in den Folgejahren kein nennenswertes Ereignis. Mit dem Start des CBERS-Programm im Jahr 1999, das im Kapitel 3.2.1.2 erläutert wird und der Gründung der internationalen Organisation „Fórum de Cooperaçao Ásia do Leste América Latina" zur Institutionalisierung der bilateralen Beziehungen, wurde mit der Umsetzung der in der Partnerschaft formulierten Ansprüche begonnen (Lessa 2010, 124).

3.2 Strategien und Verflechtungen im 21. Jahrhundert

3.2.1 Wirtschaft

3.2.1.1 Bilaterale Handelsbeziehungen

Die Untersuchung der bilateralen Handelsbeziehungen soll zunächst die Zusammensetzung der Ein- und Ausfuhren beider Partnerländer als Indikatoren für das gegenseitige Abhängigkeitsverhältnis betrachten. Die Volksrepublik China ist auf den Export industrieller Endprodukte spezialisiert (de Melo und do Amaral Filho 2015, 70), zu dessen Fertigung sie einer gewissen Menge an Rohstoffen bedarf. Da sie als vergleichsweise ressourcen- und rohstoffarmes Land allerdings nicht dazu in der Lage ist, diese aus eigenen Beständen zu decken, ist sie folglich von ausländischen Importen abhängig (Cardoso 2012, 40). Daher ist sie besonders bestrebt, die Handelsbeziehungen zu Brasilien zu intensivieren (ebd.).

Das brasilianische Wirtschaftswachstum hingegen ist aufgrund des Reichtums an natürlichen Ressourcen hauptsächlich auf den Export von Primärgütern zurückzuführen (Ellis 2009, 49). Infolgedessen fährt es neben Gas und Öl (Whalley und Medianu 2012, 722) vorrangig Sojabohnen und Eisenerz (Whalley und Medianu 2012, 715-716) nach China aus. Letztere decken jeweils 40 beziehungsweise 20 Prozent des chinesischen Gesamtimports dieser

---

[4] „[...] longstanding, stable, and strategic mutual cooperation." (Eigene Übersetzung)

Produkte ab (Cardoso 2012, 36). Angesichts der Spezialisierung der Bundesrepublik auf den Handel mit Primärgütern herrscht im industriellen Sektor eine niedrige Produktivität (de Melo und do Amaral Filho 2015, 73), sodass sich vom Handel mit China eine Komplementierung der eigenen Wirtschaftsstrukturen versprochen wird (Haibin 2010, 187). Folglich bestehen mehr als die Hälfte der chinesischen Einfuhren aus Elektronikgeräten und maschinellen Gütern, welche eine gewisse technologische Finesse aufweisen und kaum Bestandteil der heimischen Produktion Brasiliens sind (Whalley und Medianu 2012, 714).

Dementsprechend ergibt sich durch die isolierte Betrachtung der Importe und Exporte, dass die Wirtschaftsstrukturen zueinander komplementär (de Souza 2008, 5) und die Beziehungen von einem wechselseitigen Abhängigkeitsverhältnis geprägt sind. Allerdings lässt sich ebenfalls feststellen, dass diesem ein Ungleichgewicht innewohnt, welches sich in Chinas Position als hauptsächlicher Importeur von brasilianischen Rohstoffen und Exporteur von hochwertigen Fertigungsgütern an sein Partnerland manifestiert hat.

Die Abhängigkeit Chinas von Brasilien wird anhand seines seit 2003 bestehenden Status als Nettoimporteur von Rohstoffen deutlich (Cardoso 2012, 42). Solange es sich seinen Ambitionen entsprechend weiterhin so aktiv am Weltmarkt beteiligt (Lampton 2014), wird auch der Rohstoffbedarf nicht sinken. Da dieser mit der Produktivität der exportierenden Sektoren zusammenhängt, ergibt sich bei höherer Produktion folglich auch ein höherer Bedarf und damit ein höherer Grad der Abhängigkeit. Die Betrachtung des sino-brasilianischen Handels zeigt dementsprechend, dass Brasilien sich zum wichtigsten Handelspartner aus Lateinamerika entwickelt hat und dieser im Zeitraum von 2000 bis 2010 um mehr als das 20-fache von rund 2,3 Milliarden auf 56,4 Milliarden US-Dollar zugenommen hat (de Melo und do Amaral Filho 2015). Folglich stellt China seit dem Jahr 2009 den wichtigsten Handelspartner und größten Importeur brasilianischer Güter dar (Moore 2009). Infolgedessen stieg der Anteil brasilianischer Exporte nach China im Jahr 2010 auf 15 und zwei Jahre später bereits auf 18 Prozent an (Cardoso 2012, 36). Seither kompensieren die Rohstoffausfuhren das im industriellen Sektor bestehende Defizit und führen somit zu einer positiven Handelsbilanz und zu Wirtschaftswachstum (Salama 2012). Die scheinbar ausgeglichene Abhängigkeit beider Länder voneinander nimmt für Brasilien allerdings mehr Dimensionen ein als für den chinesischen Partner.

Die überwiegend positive Handelsbilanz mit diesem ist das Ergebnis Chinas steigender Nachfrage nach Rohstoffen, durch welche sich der Preis für jene auf dem globalen Markt erhöhte (de Melo und do Amaral Filho 2015, 76). Daher konnte Brasilien beispielsweise im Jahr 2009 in Relation zum Vorjahr einen höheren Gesamtwert für seine Ausfuhren erzielen, obwohl deren Umfang auf gleichem Niveau blieb (Whalley und Medianu 2012, 717). Folglich entspricht das Erzielen einer positiven Handelsbilanz dem Effekt des chinesischen Rohstoffbedarfs (ebd.). Sollte dieser stagnieren oder langsamer ansteigen, indem China beispielsweise aufgrund von günstigeren Angeboten verstärkt Einfuhren aus Drittländern bezieht, könnte er sich auf die Umsätze der Bundesrepublik auswirken. Der gleiche Effekt würde ebenfalls auftreten, sollten sich die Prognosen erfüllen, die infolge angelegter Vorräte und gestiegener heimischer Produktion in China künftig einen sinkenden Import von Sojabohnen ankündigen (Jha 2016).

Des Weiteren besteht ein gradueller Unterschied der Abhängigkeit beider Akteure voneinander, welcher im Folgenden erläutert werden soll. Brasilien hatte aufgrund von Wettereinflüssen in der Vergangenheit mit einem Rückgang der agrarischen Exporte zu kämpfen (Niklahs 2013). Die daraus resultierende Interdependenz-Empfindlichkeit, die sich aus dem reduzierten Rohstoffimport ergab, konnte China durch das Ergreifen entsprechender Maßnahmen lindern. Indem es vermehrt Sojabohnen aus Drittländern importierte, bezweckte es dadurch beispielsweise eine Ankurbelung US-amerikanischer Sojaexporte im Jahr 2013 (United Soybean Board 2014). Eine zunehmende Annäherung an die USA, die bis dato den wichtigsten Soja-Lieferanten Chinas darstellen (Zinke 2012), mag im Gegenzug zu einer Inderdependenz-Verwundbarkeit Brasiliens führen. Um diese Aussage zu begründen, sei anzumerken, dass Brasilien vermehrt auf den Anbau von gentechnisch verändertem Saatgut setzt und somit den Anteil der GVO-freien Sojabohnen auf 10 Prozent reduziert hat (EST o.J.). Obwohl beispielsweise Europa zu den größten Abnehmern brasilianischer Agrarerzeugnisse zählte und ebenfalls von Sojaimporten abhängig ist (Niklahs 2013, 4), dient es aufgrund seiner kritischen Einstellung der Gentechnik gegenüber, nicht als alternativer Abnehmer (EST o.J.). Brasilien ist aufgrund dieses Faktors in der Suche nach weiteren Absatzmärkten stark eingeschränkt.

Abgesehen davon hat die Bundesrepublik sich seit dem Intensivieren der Handelsbeziehungen zu China zu einem der „am wenigsten handelsoffenen Ländern weltweit" (Niklahs 2013) entwickelt, was einen negativen Einfluss auf die Beziehungen zu Brasiliens restlichen Handelspartnern zur Folge hatte. So ist beispielsweise im Zeitraum von 2000 bis 2010 ein Rückgang im globalen Handel mit den Industrieländern zu beobachten, der sich auf 17 Prozent beläuft (Whalley und Medianu 2012). Im Jahr 2009 sanken zudem die globalen Exporte Brasiliens um 22,7 Prozent, während die Ausfuhren nach China gleichzeitig um 23 Prozent anstiegen, was ein weiterer Beleg für eine zunehmende Abhängigkeit Brasiliens zur Volksrepublik ist. Im Gegensatz dazu gehört Brasilien nicht zu Chinas wichtigsten Handelspartnern und nimmt innerhalb der wichtigsten Importländer gerade den achten Platz ein

(Globaledge 2017), sodass die beschriebene Abhängigkeit auf brasilianischer Seite größer ausfällt und folglich einen asymmetrischen Charakter aufweist.

Des Weiteren ist eine auf industrieller Ebene bestehende Dependenz Brasiliens feststellbar. Sie ist das Ergebnis der chinesischen Exportstruktur und dem damit verbundenen Interesse, heimische Güter auf dem brasilianischen Binnenmarkt zu vertreiben (Ellis 2009, 54). Mit der zunehmenden Fokussierung der Bundesrepublik auf die Erfüllung der Rohstoffnachfrage, nimmt die Produktivität des industriellen Sektors und damit auch der Anteil der Fertigungsgüter am BIP sukzessiv ab (de Melo und do Amaral Filho 2015, 73). Allein zwischen den Jahren 2000 und 2009 fand eine Reduktion brasilianischer Exporte aus der Industriebranche um 60 Prozent statt (Whalley und Medianu 2012, 21). Von dieser Entwicklung weitgehend ausgenommen waren Güter mit niedrigem Technologisierungsgrad. China förderte bewusst deren Export, um sie innerhalb der eigenen Handelskette als Zwischenprodukte weiterzuverarbeiten und als Enderzeugnis zu exportieren (Cui und Syed 2007). Diese zunehmende Anpassung Brasiliens an die chinesischen Wirtschaftsstrukturen befördert eine wachsende Exportabhängigkeit von mittel- und hochwertigen chinesischen Industriegütern (ebd.). Gleichzeitig bewirkt die damit einhergehende Bedrohung wichtiger brasilianischer Sektoren durch die Konkurrenz zu den kostengünstigeren chinesischen Produkten, eine Deindustrialisierung innerhalb der brasilianischen Wirtschaft (Salama 2012). Daher hat bereits der ehemalige brasilianische Präsident Lula da Silva von der Notwendigkeit gesprochen, die Handelsbeziehungen zu China zu diversifizieren und versucht, die chinesischen Behörden zu Investitionen in die brasilianische Herstellerindustrie zu motivieren (Osava 2009), was bisher kaum Früchte getragen hat und im Kapitel 3.2.3 dargelegt wird.

Gerade in der für Brasilien wichtigen Textilindustrie verloren rund die Hälfte, der von dieser Konkurrenz bedrohten Unternehmen, Einfluss im Binnenmarkt (de Melo und do Amaral Filho 2015, 81). Diese zunehmende Konkurrenzunfähigkeit wurde von Brasiliens Handelspartner bewusst gefördert. Der stetig steigende Wert des brasilianischen Reals begünstigte den beschriebenen Verlust der nationalen Wettbewerbsfähigkeit, da der chinesische Yuan in Relation zu diesem einen niedrigen Wert aufweist. Folglich führt der damit verbundene Preisunterscheid zwischen den Industriegütern beider Länder zu der beschriebenen Wettbewerbsunfähigkeit und damit zu einer schrumpfenden Produktivität in Brasiliens industriellem Sektor (ebd.). Da die chinesische Wirtschaft davon profitiert, halten die Zentralbanken die Zinssätze bewusst niedrig und führen mehr Kapital nach Brasilien ein, um den Wert des Reals zu wirtschaftlichen Zwecken weiter zu steigern (Cardoso 2012, 46). Damit bedient sich China eines Machtinstrumentes, um die Abhängigkeit Brasilien von den eigenen Gütern zu steigern und handelstechnische Ergebnisse zum eigenen Vorteil zu beeinflussen.

Theoretisch müsste Brasilien daher protektionistische Maßnahmen einleiten, um die Interdependenz zu lindern, jedoch ist es im Ergreifen solcher eingeschränkt. Da die brasilianische Regierung China im Jahr 2004 offiziell als Marktwirtschaft anerkannt hat (de Melo und do Amaral Filho 2015, 75), werden dementsprechend Anti-Dumping Maßnahmen gegen diese erschwert. Von solchen hatte Brasilien in der Vergangenheit häufiger Gebrauch gemacht, um die Verdrängung inländischer Anbieter von chinesischen Konkurrenten zu verhindern (Ribeiro e Silva und Yueming 2014, 17). Daher war dieses Zugeständnis für China von enormer Bedeutung und im Gegenzug mit letztlich nicht umgesetzten Versprechungen auf politischer Ebene seitens der chinesischen Regierung verbunden. Diese werden dementsprechend im Kapitel 3.2.2 thematisiert.

Folglich ergibt sich innerhalb der bilateralen Handelsbeziehungen ein asymmetrisches Abhängigkeitsverhältnis, welches sich negativ zulasten Brasiliens auswirkt. Die Abhängigkeit Chinas nimmt in diesem, wie bereits erläutert, den Grad einer Empfindlichkeit ein, welche die Volksrepublik bisher erfolgreich lindern konnte. Brasilien hingegen befindet sich in einer Interdependenz-Verwundbarkeit, dessen Abschwächung es noch nicht erreichen konnte (de Melo und do Amaral Filho 2015, 83).

Aus diesen Gründen wird innerhalb der wissenschaftlichen Debatte oftmals die Qualität des bilateralen Handels mit dem Begriff des Neokolonialismus gleichgesetzt (Pomfret 2010). Die vorliegende Arbeit distanziert sich allerdings von diesem, da China selbst ein Entwicklungsland und diese Einstufung daher problematisch ist. Die Politik der Volksrepublik soll deswegen eher als konterkarierend für eine nachhaltige Entwicklung Brasiliens beschrieben werden.

3.2.1.2 Gemeinsame Kooperationen und Projekte

Im Folgenden soll der Charakter chinesischer und brasilianischer Kooperationen und Projekte exemplarisch dargelegt werden. Aufgrund des begrenzten Umfangs nimmt die Ausarbeitung nur auf einige wenige Beispiele Bezug, um sie in den Gesamtkontext der wirtschaftlichen Verflechtungen einzuordnen.

Entsprechend der Ausgestaltung der bilateralen Handelsbeziehungen weist die Zusammenarbeit der Unternehmen beider Partnerländer eine fast ausschließlich rohstoffpolitische Dimension auf. So ging beispielsweise das brasilianische Bergbauunternehmen CVRD im Jahr 2004 eine Joint Venture mit der Shanghai Baostell

Group Corporation zur gemeinsamen Produktion von Stahl in Maranhao sowie mit der Aluminium Corporation zur Exploration von Bauxit und zur Produktion von Aluminium in Brasilien ein. Beide entsprechen der Zielsetzung, die produzierten Güter anschließend nach China zu exportieren (de Freitas Barbosa und Mendes 2006, 8). Innerhalb einer Joint Venture mit dem chinesischen Unternehmen Yongcheng Coal and Electricity schloss sie ebenfalls einen Abnahmevertrag von chinesischer Steinkohle im Gegenzug zu brasilianischen Eisenerzexporten. Da Kohlekraft innerhalb Brasiliens Energieversorgung bis heute eine wichtige Rolle spielt (GIZ 2014) und China, wie bereits erläutert, abhängig von Eisenerzimporten ist, sollte dieser als „bewusste Abschwächung der Asymmetrie" innerhalb der Beziehung fungieren (Husar 2007, 84-85). Daher wurde die Steinkohle vom gemeinsamen Kohlekraftwerk in China auf denselben Schiffen transportiert, auf denen zuvor das Eisenerz aus Brasilien eingeführt wurde. Eine Lieferunterbrechung auf der einen Seite würde somit ebenfalls eine solche auf der anderen bedeuten (ebd.).

Zwischen den Ölunternehmen Sinopec und Petrobras wurde zudem eine Joint Venture zur Exploration von Öl in Drittländern gegründet (de Freitas Barbosa und Mendes 2006, 8), die ähnlich der Kooperation von Petrobras und China National Offshore Oil Company in den 1980er Jahren durch die gemeinsame Exploration und Produktion die brasilianischen Technologien zum Nutzen beider Seiten weiterentwickeln sollte (Husar 2007, 87). Der gleiche Gedanke ist mit dem gemeinsamen CBERS-Programm verbunden, welches im Jahr 1988 beschlossen wurde (Ministry of Foreign Affairs o.J.). Seither wurden insgesamt fünf Satelliten freigesetzt (ebd.), welche der Fernerkundung von Umweltentwicklungen sowie der Exploration neuer Rohstoffaufkommen dienen sollen (Husar 2007, 88) und damit ebenfalls der handelsbezogenen Interessensetzung Chinas entsprechen. Folglich bleibt die Zusammenarbeit innerhalb des industriellen Sektors Brasiliens daher eine Rarität (de Melo und do Amaral Filho 2015, 80).

3.2.2 Politik

Die politischen Verflechtungen beider Länder nehmen auf bilateraler Ebene nur eine kleine Dimension ein, weshalb diese nur kurz thematisiert wird. Während Präsident Lula da Silvas Staatsbesuchs in China wurde mit dem „China-Brazil High-Level Coordination and Cooperation Committee" ein bilateraler Mechanismus gebildet mit der Absicht, die Partnerschaft besser zu koordinieren. Das Komitee wurde unter der direkten Aufsicht der politischen Behörden beider Staaten positioniert. Das wohl wichtigste Instrument der

Kooperation ist allerdings der Joint Action Plan, der deren Ausgestaltung über den Zeitraum von 2010 bis 2014 festlegte. Die Zusammenarbeit erstreckte sich über mehr als dreizehn verschiedene Bereiche von Entwicklungsinteressen über Kultur und Wissenschaft und behandelte zugleich die relevanten multilateralen Fragestellungen (Cardoso 2012, 44).

Aufgrund der „gemeinsame[n] transformative[n] Sichtweise auf die Weltpolitik"[5] (Cardoso 2012, 37), die auf eine Reform der bestehenden Strukturen der Weltordnung abzielt (Haibin 2010, 186), spielen sich die politischen Verflechtungen hauptsächlich auf multilateraler Ebene ab. Um eine multipolare Ordnung zu etablieren, sowie den Stimmen der Entwicklungsländer bei Entscheidungsprozessen innerhalb globaler Institutionen eine höhere Gewichtung zu verschaffen, nutzen China und Brasilien Plattformen wie die BRICS- (Abdenur 2014, 1890) oder die BASIC-Gruppe (Casanova und Kassum 2014, 129). Die Abhängigkeit beider Akteure voneinander auf politischer Ebene ist darin begründet, dass politische Alleingänge ein solches Vorhaben nicht ausreichend befördern können, ein Zusammenschluss ihnen hingegen mehr Gewicht und damit Handlungsspielraum verleiht (Haibin 2010, 189).

Innerhalb der WTO sind Brasilien und China in der Gruppe der G-20 aktiv, die 2003 als Reaktion auf die Vorschläge seitens der USA und der EU, die auf eine Abänderung der vorherigen Verhandlungen der Doha-Runde[6] zuungunsten der Entwicklungsländer zielten, gegründet wurde. Durch die Zusammenarbeit der Gruppe konnten diese zurückgewiesen und die Verhandlungen blockiert werden (Cardoso 2012, 45). Ähnliche Erfolge wurden innerhalb der UN-Klimakonferenz in Kopenhagen im Jahr 2009[7] erzielt, bei der die BASIC-Gruppe durch eine gemeinsame Koordination von Strategien die Ziele der USA ausgleichen konnte und letztlich als finaler Kompromiss mit jener zusammenarbeiten sollte (ebd.). Sie bezweckten ebenfalls eine Reform des Stimmrechtes innerhalb des IWF, welches dem jeweiligen Kapitalanteil der Mitglieder entsprach. Nachdem die bereits 2010 initiierte Reform jahrelang von den USA blockiert wurde, wurde sie letztlich im Dezember 2016 beschlossen. Vor allem China profitierte von dieser, da sein Anteil sich auf sechs Prozent verdoppelte und es nun drittgrößter Aktionär ist (jf/AFP 2016). Zusätzlich führte ein Schulterschluss der Entwicklungsländer beim Gipfel Rio+20 dazu, dass das Prinzip der „gemeinsamen aber

---

[5] „[...] a common transformative vision of global politics." (Eigene Übersetzung)

[6] Die Doha-Runde wurde von den Industriestaaten ausgerufen und beschreibt eine Entwicklungsagenda, anhand derer eine bessere Einbindung der Entwicklungsländer in den Welthandel erreicht werden soll. Aufgrund des begrenzten Umfangs kann keine nähere Erläuterung erbracht werden. Zur Vertiefung wird auf die Ausführungen des BMZ verwiesen: https://www.bmz.de/de/themen/welthandel/welthandelssystem/WTO/doha_runde.html (letzter Zugriff: 30.03.17)

[7] Für nähere Informationen wird auf das Bundesministerium für Umwelt, Naturschutz, Bau und Reaktorsicherheit verwiesen: http://www.bmub.bund.de/themen/klima-energie/klimaschutz/internationale-klimapolitik/un-klimakonferenzen/ergebnisse-der-un-klimakonferenzen/ (letzter Zugriff: 30.03.17)

unterschiedlichen Verantwortungen", welches Entwicklungsländern in der Umsetzung gemeinsamer Beschlüsse begünstigt behandelt, entgegen des Bestrebens der Industrieländer erhalten blieb (Casanova und Kassum 2014, 129).

Obwohl die Zusammenarbeit Brasiliens und Chinas zunächst ausgeglichen und harmonisch erscheint, nehmen beide jedoch zunehmend divergente Positionen auf internationaler Ebene ein und demonstrieren den asymmetrischen Charakter der Beziehung. Besonders deutlich wird dies in Fragen der internationalen Sicherheitspolitik. Im Jahr 2011 hatte sich Brasilien beispielsweise im UN-Sicherheitsrat für eine Ausweitung der Norm der „Responsibility to Protect"[8] ausgesprochen, da es seine Ansprüche innerhalb der Ausführung humanitärer militärischer Interventionen nicht als erfüllt sah. Dieses Vorhaben wurde von China aufgrund seiner Orientierung an den Interessen der anderen Ratsmitglieder nicht unterstützt, genauso wie Brasiliens Aussprache für eine Verhandlung in Bezug auf die iranische Atompolitik anstelle der Erlassung von unmittelbaren Sanktionen (Bernal-Meza und Christensen 2013, 6).

Auch Brasiliens Versuch, die Verhandlungen innerhalb der WTO auf industrielle Fragestellungen zu erweitern, scheiterte letztlich an der Ablehnung Chinas (Pereira und de Castro Neves 2011, 6). Die Kooperation zwischen beiden Ländern entspricht demnach vorrangig dem chinesischen Interesse und damit der ökonomischen, auf Rohstoffe fokussierten, Ebene.

Gerade in multilateralen Foren hatte Brasilien seinen Partner unterstützt, um Vorteile zu erhalten, die letztlich nicht erbracht wurden (de Freitas Barbosa und Mendes 2006, 7-8). Darunter zählen vor allem Brasiliens Stimme für eine „Nicht-Aktions-Bewegung" im Jahr 2004 in einem Verfahren der UN-Menschenrechtskommission gegen China, die eine Resolution stoppte (ebd.), sowie die Stärkung der chinesischen Position innerhalb des Abkommens zum Klimaschutz, welches das Kyoto Protokoll ersetzen sollte. Angesichts seines Status als größter Aussender von Treibhausgasen geriet China massiv unter Druck, konnte sich allerdings durch die Unterstützung der Entwicklungsländer dem Prinzip internationaler Überprüfungen widersetzen, indem sie sich auf den Grundsatz der „gleichen aber unterschiedlichen Verantwortung" beriefen (Abdenur 2014, 1888).

Ausgehend von diesem Gegensatz wird die Partnerschaft als „diplomatische Illusion" (de Freitas Barbosa und Mendes 2006, 7-8) beschrieben. Besonders deutlich wird das Fehlen von Gegenseitigkeit in Bezug auf Brasiliens Bestreben einen permanenten Sitz im UN-Sicherheitsrat zu erhalten. Eigentlich war eine Unterstützung durch die chinesische Regierung

---

[8] Für nähere Informationen wir auf die offizielle Website verwiesen: http://www.responsibilitytoprotect.org (letzter Zugriff: 30.03.17)

als Erwiderung auf die Anerkennung Chinas als Marktwirtschaft zugesprochen worden, jedoch verweigerte sie diese letztlich mit dem Argument, dass man Japan bei diesem Vorhaben ebenfalls unterstützen würde (ebd.).

Die dadurch für Brasilien entstehenden Kosten beziehen sich auf das eingeschränkte internationale Prestige, welches sich im fehlenden Zugang zu politischen und sicherheitsbezogenen Feldern äußert (Haibin 2010, 184). Das zuvor dargelegte Beispiel verdeutlicht, dass Brasiliens Dependenz zum chinesischen Partner den Grad einer Verwundbarkeit angenommen hat. Denn obwohl es mit der Anerkennung des Marktwirtschaftsstatus eine politische Maßnahme zur Änderung des Status quo unternommen hatte, blieb ihm die zuvor zugesprochene Unterstützung verwehrt. Die Tatsachen, dass die brasilianische Regierung darüber hinaus keine weiteren Maßnahmen ergriff und die Initiativen Brasiliens auf multilateraler Ebene zudem durch die Ablehnung Chinas scheiterten, demonstrieren den Umfang des asymmetrischen Charakters innerhalb der Beziehungen.

3.2.3 Finanzen

Das Tätigen ausländischer Direktinvestitionen beider Akteure im jeweiligen Partnerland nimmt innerhalb der Beziehungen keine elementare Rolle ein und ist darüber hinaus mit einer mangelhaften Verfügbarkeit von Daten verbunden (Baumann 2009, 15). Die vergleichsweise geringe Bedeutung ist der Priorisierung des Handels geschuldet, sodass dementsprechend die bilateralen Handelsströme beispielsweise im Jahr 2010 vier bis fünf Mal so hoch wie die Investitionsströme waren (Jenkins 2012, 35-36).

Die ersten Direktinvestitionen innerhalb der Partnerschaft waren zunächst von brasilianischer Seite initiiert. Daher waren deren Zuflüsse nach China in Höhe von 225 Millionen US-Dollar zwischen den Jahren 1997 und 2008 höher als die chinesischen Abflüsse in Höhe von rund 150 Millionen US-Dollar nach Brasilien (Whalley und Medianu 2012, 721-722). Sie entsprachen dabei einem Anteil von circa 0,1 Prozent der gesamten Zuflüsse in die Volksrepublik (Jenkins 2012, 35).

Die Überlegungen, welche mit den Investitionen verknüpft sind, beziehen sich seither auf die Hoffnung, einen umfassenderen Zugang zum chinesischen Binnenmarkt zu gewinnen (Jenkins 2012, 35). Da die brasilianischen Investitionen hauptsächlich dem industriellen Sektor entspringen, können sie daher als Versuch verstanden werden, das Defizit in diesem auszugleichen sowie die Bedeutung seiner Güter im chinesischen Markt zu steigern und damit das zuvor bilanzierte Ungleichgewicht innerhalb der Handelsbeziehungen zu nivellieren.

Unternehmen wie die Flugzeughersteller Embraer und Pimentel haben dementsprechend im Jahr 2009 Werke in China gebaut (ebd.) und sind mit chinesischen Partnern Kooperationen eingegangen (Baumann 2009, 11). Neben diesen sowie dem Hersteller von Elektromotoren WEG und dem Unternehmen Embraco, welches auf die Produktion vom Kompressoren spezialisiert ist, ist die Liste brasilianischer Investoren allerdings überschaubar. Obwohl weitere Unternehmen ebenfalls Interesse an solchen Investitionen gezeigt haben, sahen sie sich zunehmend mit großen Hindernissen konfrontiert, welche den Beschränkungen und Anforderungen seitens China geschuldet sind (Jenkins 2012, 35). Dieser Umstand deutet erneut auf ein Ungleichgewicht innerhalb der Beziehungen, denn die Volksrepublik konnte sich dahingegen seit Dezember 2009 als Topinvestor[9] in Brasilien etablieren (Cardoso 2012, 44).

Ihre Kapitalanlagen sind dabei auf die Sektoren Bergbau, IT, Agrarwirtschaft und die in der Bundesrepublik gefundenen Ölfelder sowie auf umfassende Infrastrukturprojekte konzentriert (Cardoso 2012, 44-46). Vereinzelt investiert das Land aufgrund der signifikanten Größe des Marktes auch in Automobile der Economy-Klasse (de Melo und do Amaral Filho 2015, 80), jedoch besteht das eigentliche Interesse Chinas aufgrund seiner Rohstoffabhängigkeit in der Förderung deren Exporte und der Sicherstellung zuverlässiger Lieferungen.

Daher ging die China Development Bank im Jahr 2009 einen Deal mit Petrobras ein, in welchem sie dem Unternehmen 10 Milliarden Dollar für die Bohrung in den neu gefundenen Ölfeldern lieh. Im Gegenzug musste Petrobras 150.000 Barrel Öl aus dem brasilianischen Vorrat sowie weitere 200.000 Barrel pro Tag für die nächsten neun Jahre liefern. Außerdem hat sie den Erwerb von Ausrüstung für den Ausbau eines Hafens im Südosten finanziert, um Brasiliens infrastrukturellen Problemen und damit Lieferunsicherheiten entgegen zu wirken (de Melo und do Amaral Filho 2015, 81). Auch Sinopec investierte im Jahr 2013 nicht nur 20 Milliarden US-Dollar in den Bau einer gemeinsamen Ölraffinerie mit Petrobras, sondern auch weitere 239 Millionen US-Dollar in den Bau eines Teils der 1.365 Kilometer langen Gaspipeline, die sich vom Norden bis in den Süden des Landes erstreckt (Macauhub 2006).

Da Brasiliens Infrastruktur relativ unterentwickelt ist, ist der Ausbau dieser für das wirtschaftliche Wachstum des Landes elementar. Ohne einen solchen wird es sogar behindert, was sich daran zeigt, dass in der Vergangenheit bereits Lieferungen von Sojabohnen und anderen landwirtschaftlichen Erzeugnissen aufgrund großer Lieferverzögerungen im Hafen Brasiliens von chinesischen Unternehmen storniert werden mussten (Colitt und Kassai 2013).

---

[9] Da chinesische Investitionen meist über Steueroasen gehen, existieren unterschiedliche Daten über deren Umfang (Vgl. Jenkins, Rhys. 2012. "China and Brazil: Economic Impacts of a Growing Relationship." *Journal of Current Chinese Affairs, S.33*). Aufgrund der damit verbundenen Ungewissheit wird hier nicht auf eine Zahl für deren Gesamtumfang verwiesen.

Folglich besteht eine gewisse finanzielle Abhängigkeit von Investitionen in die Infrastruktur des Landes, da Brasilien sich andernfalls mit externen Kosten in Form von sinkenden Exporteinnahmen konfrontiert sieht. Da diese sich allerdings gleichermaßen auf den chinesischen Handelspartner auf ökonomischer Ebene auswirken, ist das Abhängigkeitsverhältnis in dieser Hinsicht ausgeglichen. Demnach wird China auch künftig in Infrastrukturprojekte investieren, die die Produktion, Gewinnung und den Transport von natürlichen Ressourcen und Rohstoffen fördern (Cardoso 2012, 46), sodass Brasilien in dieser Hinsicht langfristig von der Abhängigkeit Chinas profitieren kann. Innerhalb dieser Betrachtung scheint China, getrieben durch den Ansporn, den Umfang seiner Dependenz zu lindern, innerhalb der Beziehungen Eigenschaften eines Geberlandes aufzuweisen. Damit befände sich Brasilien als Empfänger umfangreicher Investitionen in der Rolle eines Nehmers, was die bisher gewonnenen Erkenntnisse über die Ausgestaltung des Abhängigkeitsverhältnisses bekräftigen würde.

4. Abschließende Überlegungen

Nach Abschluss der Untersuchungen wird ersichtlich, dass ein wechselseitiges Abhängigkeitsverhältnis zwischen Brasilien und China besteht, welches beide Akteure nutzen, um gemeinsame Ziele zu verfolgen. Seine Form ist allerdings überwiegend asymmetrisch zuungunsten Brasiliens geprägt. Besonders auf wirtschaftlicher und politischer Ebene ist es seinem Partner unterlegen, der anhand seiner Interessensetzung die Ausgestaltung der Kooperationen bestimmt. Diese Abhängigkeit drückt sich mehrdimensional in Form einer Verwundbarkeit in allen untersuchten Bereichen aus und wird von Brasilien über das Ergreifen entsprechender Maßnahmen hinaus ertragen. Die Volksrepublik hingegen ist hauptsächlich in ihrem Rohstoff- und Ressourcenbedarf interdependenz-empfindlich, was sie in der Vergangenheit bereits erfolgreich durch Anpassungen an den Status quo lindern konnte. Lediglich innerhalb der finanziellen Komponente der Beziehung ist das Abhängigkeitsverhältnis aufgrund der Verflochtenheit mit der rohstoffbezogenen Dependenz Chinas ausgeglichen. Somit lässt sich im Hinblick auf die Fragestellung bilanzieren, dass sich die sino-brasilianischen Beziehungen nicht auf Augenhöhe abspielen und damit dem von beiden Regierungen propagierten Gleichheitsprinzip widersprechen.

Aufgrund des begrenzten Umfangs dieser Arbeit konnte nur ein erster Ansatz zur Untersuchung der Beziehung zwischen Emerging Donors geleistet werden. Zwar ist das gewählte Fallbeispiel zu einer solchen geeignet, kann aber wegen der Spezifika beider Akteure nicht als repräsentativ für die gesamte Gruppe gelten. Demnach kann die hier festgestellte Rollenverteilung nicht für alle Beziehungen zwischen Emerging Donors generalisiert werden. Hierzu müssten in einem nächsten Schritt weitere Partnerschaften untersucht und miteinander verglichen werden. Nichtsdestotrotz kann dieses Ergebnis als Ausgangspunkt für weitere Forschungsvorhaben dienen. Anhand einer daraus formulierbaren These, in welcher der wirtschaftlich stärkere und auf internationaler Ebene einflussreichere Partner den Verlauf der Beziehungen bestimmt, könnte die wissenschaftliche Lücke dann umfassender geschlossen werden. Aufgrund der aufgezeigten Tendenzen würde sich zudem ein Vergleich mit der Rollenverteilung innerhalb klassischer Nehmer-Geber-Beziehungen anbieten.

5. Abkürzungsverzeichnis

BASIC	Gruppe der vier Schwellenländer – Brasilien, Südafrika, Indien und China
BIP	Bruttoinlandsprodukt
BRICS	Vereinigung der Emerging Economies – Brasilien, Russland, Indien, China, Südafrika
CBERS	China-Brazil Earth-Ressource Satellite
CVRD	Companhia Vale do Rio Doce
EU	Europäische Union
G-20	Gruppe der Zwanzig innerhalb der WTO
GVO	gentechnisch veränderter Organismus
IWF	Internationaler Währungsfonds
OECD	Organisation für wirtschaftliche Zusammenarbeit und Entwicklung
UN	Vereinte Nationen
USA	Vereinigte Staaten von Amerika
WTO	Welthandelsorganisation

6. Literaturverzeichnis

Abdenur, Adriana Erthal. 2014. "Emerging powers as normative agents: Brazil and China within the UN development system." *Third World Quarterly*, 1876-1893.

Agra Europe. 2015. "USDA erwartet wachsenden Welthandel mit Sojabohnen." *top agrar online*, November 16.

Baumann, Renato. 2009. "Some Recent Features of Brazil-China Economic Relations." o.O.: Oficina de la CEPAL en Brasilia (Estudios e Investigaciones), April.

Bernal-Meza, Raúl, and Steen Fryba Christensen. 2013. "Brazil's Foreign Priorities: between the region and the BRICS Authors." San Francisco.

Cardoso, Daniel. 2012. "China-Brazil: A Strategic Partnership in an Evolving World Order." *East Asia: An International Quarterly*, 33-51.

Casanova, Lourdes, and Julian Kassum. 2014. *The Political Economy of an Emerging Global Power: In Search of the Brazil Dream.* London: Palgrave Macmillan.

Colitt, Raymond, and Lucia Kassai. 2013. "Brazil Soy Boom Bottlenecked as China Left Waiting: Commodities." *Bloomberg*, März 26.

Cui, Li, and Murtaza Syed. 2007. "The Shifting Structure of China's Trade and Production." Edited by International Monetary Fund. September. 3-21.

de Freitas Barbosa, Alexandre, and Ricardo Camargo Mendes. 2006. "Economic Relations between Brazil and China: A Difficult Partnership." Edited by Friedrich Ebert Stiftung. Januar.

de la Fontaine, Dana. 2013. *Neue Dynamiken in der Süd-Süd-Kooperation. Indien, Brasilien und Südafrika als Emerging Donors.* Wiesbaden: Springer VS.

de Melo, Maria Cristina Pereira, and Jair do Amaral Filho. 2015. "The Political Economy of Brazil-China Trade Relations, 2000-2010." *Latin American Persepctives*, November: 64-87.

de Souza, Amaury. 2008. "Brazil and China: An Uneasy Partnership." Center for Hemispheric Policy, University of Miami. 1-17.

Dominguez, Jorge I. 2006. "China's Relations With Latin America: Shared Gains, Asymmetric Hopes." China Working Paper, The Inter-American Dialogue, 3-49.

Egan, Patrick J. W. 2015. "Crawling up the value chain: domestic institutions and non-traditional foreign direct investment in Brazil, 1990-2010." *Revista de Economia Politica* 35 (1): 156-174.

Ellis, R. Evan. 2009. *China in Latin America. The Whats & Wherefores.* Colorado: Boulder u.a. : Lynne Rienner Publishers.

EST. o.J. *www.sojatoaster.com.* EST - Effizient Soja Toasten. Accessed März 30, 2017. http://www.sojatoaster.com/hintergrundinfos/sojaanbau-globale-mengenverteilung-und-mengenstroeme/.

GIZ. 2014. *Bundeszentrale für politische Bildung.* Mai 30. Accessed März 30, 2017. http://www.bpb.de/internationales/amerika/brasilien/wirtschaft/185301/woher-nimmt-brasilien-seine-energie.

Globaledge. 2017. *Globaledge.* Edited by Michigan State University. Februar 19. Accessed März 30, 2017. https://globaledge.msu.edu/countries/china/tradestats.

Haibin, Niu. 2010. "Emerging Global Partnership: Brazil and China." *Revista Brasileria de Politica Internacional*, 183-192.

Husar, Jörg. 2007. *Chinas Engagement in Lateinamerika. Rohstoffbedarf, Versorgungssicherheit und Investitionen.* Saarbrücken: Verlag für Entwicklungspolitik.

Jenkins, Rhys. 2012. "China and Brazil: Economic Impacts of a Growing Relationship." *Journal of Current Chinese Affairs*, 21-47.

jf/AFP. 2016. "Reformen beim Internationalen Währungsfonds in Kraft getreten." *Rheinische Post Online*, Januar 28.

Jha, Manisha. 2016. "China's Soybean Imports Seen Dropping for First Time in 15 Years." *Bloomberg*, Juli 19.

Keohane, Robert O., and Joseph S. Nye. 1989. *Power and Interdependence*. 2. Auflage. Edited by Foresman Scott. o.O.: Glenview.

Lampton, David M. 2014. "China's foreign policy." *Great Decisions*, Januar 1: 73-84.

Lehmkuhl, Ursula. 2001. *Theorien Internationaler Politik. Einführung und Texte*. 3., ergänzte Auflage. München/ Wien: R. Oldenbourg Verlag .

Lessa, Antônio Carlos. 2010. "Brazil's strategic partnerships: an assessment of the Lula era (2003-2010)." *Revista Brasileira De Politica Internacional*, 115-131.

Macauhub. 2006. "Petrobras and China's Sinopec sign contract to build gas pipeline in Brazil." *macauhub*, April 18.

Manning, Richard. 2006. "Will 'Emerging Donors' Change the Face of International Co-operation?" *Development Policy Review*, 371-385.

Ministry of Foreign Affairs. o.J. *Ministry of Foreign Affairs*. Accessed März 30, 2017. http://www.itamaraty.gov.br/en/ficha-pais/5988-people-s-republic-of-china.

Moore, Malcolm. 2009. "China overtakes the US as Brazil's largest trading partner." *The Telegraph*, Mai 9.

Mora, Frank O. 1997. "The People's Republic of China and Latin America: From Indifference to Engagement." *Asian Affairs* 24: 35-58.

Morazan, Pedro, Irene Knoke, Doris Knoblauch, and Thobias Schäfer. 2012. "The role of BRICS in the developing world." *Directorate-General for external Policies of the Union*. Edited by European Union. Belgien. 4-43.

Naim, Moises. 2009. "Rogue Aid." *Foreign Policy*, Oktober 15.

Niklahs, Volker. 2013. "Länderbericht Brasilien. Stand: April 2013." Länderbericht, Abteilung 6 - EU-Politik, Internationale Zusammenarbeit, Fischerei, Bundesministerium für Ernährung, Landwirtschaft und Verbraucherschutz (BMELV), Berlin, 0-13.

Osava, Mario. 2009. "An asymmetric trading partnership." *Inter Press Service*.

Pereira, Carlos, and João Augusto de Castro Neves. 2011. "Brazil and China: South-South Partnership or North-South Competition?" Washington: Foreign Policy at Brookings, März.

Pomfret, John. 2010. "China invests heavily in Brazil, elsewhere in pursuit of political heft." *Washington Post*, Juli 26.

Pratt, Sean. 2014. "Chinese importers cancel soybean orders." *The Western Producer*, Mai 1.

Ribeiro e Silva, Omar Rodrigo, and Zheng Yueming. 2014. "Brazil x China Trade Frictions: Overview and a brief case analysis." *Fronteiras: Journal of Social, Technological and Environmental Science*, 10-18.

Rowlands, Dane. 2012. "Individual BRICS or a collective bloc? Convergence and divergence amongst 'emerging donor' nations." *Cambridge Review of International Affairs*, Dezember: 629-649.

Salama, Pierre. 2012. "Industrialisation et "désindustrialisation précoce"." Paris: Fondation Maison des sciences de l'homme. 1-25.

Smith, Kimberly, Talita Yamashiro Fordelone, and Felix Zimmermann. 2010. "Beyond the DAC. The welcome role of other providers of development co-operation." Edited by OECD. Mai.

United Soybean Board. 2014. *United Soybean Board*. Edited by Heather Manhardt and Kelsey Ruthman. Juni 25. Accessed März 30, 2017. http://unitedsoybean.org/article/all-eyes-on-china/.

Whalley, John, and Dana Medianu. 2012. "The Deepening China-Brazil Economic Relationship." *CESifo Economic Studies*, 707-730.

Wilson, Jeff, and Megan Durisin. 2016. "China's Insatiable Soybean Hunger Eats Into Record U.S. Crop." *Bloomberg*, August 11.

Woods, Ngaire. 2008. "Whose aid? Whose influence? China, emerging donors and the silent revolution in development assistance." *International Affairs*, 1205-1221.

Zilla, Claudia, and Christoph Harig. 2012. "Brasilien als >>Emerging Donor<<. Politische Distanz und operative Nähe zu den traditionellen Gebern." Berlin: Stiftung Wissenschaft und Politik, März. 5-22.

Zinke, Olaf. 2012. "Analyse. Soja: China kauft den Weltmarkt leer." *agrarmanager*.